Théâtre Robert-Houdin

8, boulevard des Italiens

GRAND SUCCÈS

TOUS LES SOIRS

TOUT PARIS

Revue de l'année 1886

PAR

LEMERCIER DE NEUVILLE

AVEC SES

PUPAZZI

TOUT PARIS

Revue de M. Lemercier de Neuville, jouée par lui avec ses Pupazzi

au Théâtre Robert-Houdin.

LE FIGARO Le théâtre Robert-Houdin était en joie hier.

On y donnait une *première* et même celle de la première revue de l'année : *Tout Paris*, par les Pupazzi de Lemercier de Neuville, avec musique de Georges Lamothe.

Tous les événements, gros et petits, de l'année ont défilé aux plus joyeux applaudissements des enfants et de leurs parents.

Songez que les Pupazzi représentaient les deux Coquelin, Succi, Louise Michel, Chevreul, Paulus, le général Boulanger en personne et à cheval, etc.

La petite pièce, qui a été fort gaiement enlevée, est un très gentil succès pour son auteur, le créateur des Pupazzi; elle amènera certainement du monde au théâtre Robert-Houdin.

LE TEMPS La première revue de l'année a été jouée hier soir, au théâtre Robert-Houdin, par les Pupazzi de Lemercier de Neuville — ils sont pleins de verve et ils chantent spirituellement. Nous avons vu défiler successivement Coquelin aîné et cadet, le général Boulanger en costume et à cheval, Louise Michel, Succi, M. Chevreul, etc. La fin d'un couplet chante encore dans notre mémoire. Il est question des assassinats commis en chemin de fer...

Pourtant dans les ch'mins d'fer, en r'tournant les coussins,
On n'trouv' que des victim's et jamais d'assassins !

LA PAIX Les Pupazzi de Lemercier de Neuville nous ont donné avant-hier leur Revue de fin d'année au théâtre Robert-Houdin. Ils se sont montrés pleins de verve et d'entrain et nous ont chanté spirituellement d'amusants couplets. La salle a fait bon accueil aux deux Coquelin, au général Boulanger, à Louise Michel, à M. Chevreul, à Succi, chargés de représenter le *Tout Paris*, et au brave sergent de ville qui chante drôlement la rengaine du *Bi du bout du Banc*.

LE SOIR *(Extrait).* Les Pupazzi, chacun le sait, sont le Guignol des grandes personnes. M. Lemercier de Neuville dirige ses petites poupées, faites comme le Polichinelle et le Gendarme des Champs-Élysées, au moyen de trois doigts, un pour la tête, deux pour les bras. Il y a des hommes politiques qu'on fait marcher à moins de frais : il suffit d'un doigt dans l'œil.

La seule différence qui existe entre les Pupazzi et les députés, non, je me trompe, entre les Pupazzi et Guignol, c'est que celles-là disent des choses très drôles, mais qui ne peuvent être comprises que par des gens très spirituels, des gens qui lisent le journal tous les jours, par exemple, très au courant des moindres faits et gestes de tout Paris. (*Tout Paris* est le titre de la revue.)

LE GAULOIS *(Extrait).* Qui ne connaît les Pupazzi, ces curieuses petites marionnettes que leur inventeur a promenées dans tous les salons et dans tous les bains de mer? On sait que M. Lemercier de Neuville se sert à lui-même d'auteur, d'acteur, de directeur, de décorateur, de costumier et de machiniste. Depuis longtemps, il rêvait de faire jouer une Revue à ses pensionnaires. Son rêve est enfin réalisé. Guignol a chaussé les souliers d'Aristophane!

Je me hâte de vous dire que cette Revue est sans prétention. On n'y voit jamais plus de deux personnages à la fois, et le classique bataillon des petites femmes y est tout bonnement remplacé par Mlle Louise Michel. Cette charmante personne chante même un duo assez drôle avec un sergent de ville qui refuse de lui faire réintégrer sa prison. L'honnête soldat de M. Taylor termine en lui donnant ce simple conseil, sur l'air connu d'une homonyme qui avait perdu son chat :

N'soyez pas entêtée, rentrez tranquillement
Dans la socillité dont vous fait's l'ornement.

Et l'on dit que la police n'est bonne à rien.

Dans ce rapide défilé des actualités de l'année, on voit passer successivement les frères Coquelin se disant un adieu mouillé de larmes; le jeûneur Succi; M. Chevreul, l'exposition des Incohérents, et le général Boulanger lui-même, monté sur un cheval blanc et orné de toute sa barbe. Le tout se termine par une chanson de Paulus et un très amusant solo de violoncelle exécuté par Fusier. Pendant ces divers exercices, une dame égrène des perles sur le clavier d'ivoire. Les âmes pures en ont pour leur argent.

Bref, les pantins de M. Lemercier de Neuville m'ont paru fort intelligents. Je crois qu'il y a quelque chose à tenter de ce côté-là pour la prochaine combinaison ministérielle. — FRIMOUSSE.

LA PATRIE Hier soir a eu lieu également une autre première, bien parisienne, puisqu'elle se donnait boulevard des Italiens, chez Robert-Houdin.

C'est Lemercier de Neuville qui y a élu domicile depuis hier, et qui vient d'installer ses inimitables Pupazzi sur le boulevard.

Tout Paris, tel est le titre de la Revue écrite, corrigée, jouée par Lemercier et toute sa troupe, et applaudie par le public.

Que d'esprit dépensé dans les trois quarts d'heure du spectacle de cet inépuisable chroniqueur !

L'esprit ne se raconte pas, et c'est pourquoi je donne le conseil à mes lecteurs d'emmener bien vite leurs enfants, sans s'oublier eux-mêmes : ils riront de bon cœur en écoutant cette Revue fine et si bien modelée.

Lemercier de Neuville a une vogue dans les salons qui ne fera que grandir, car son esprit, jamais en retard, est de ceux qui se renouvellent sans réminiscences ! — DORANTE.

Paris. — Typographie Paul Schmidt, 5, rue Perronet.

OPINION DE LA

TOUT

Revue de M. Lemercier de Neuville

au Théâtre R

LE FIGARO Le théâtre Robert-Houdin était en joie hier.

On y donnait une *première* et même celle de la première revue de l'année : *Tout Paris*, par les Pupazzi de Lemercier de Neuville, avec musique de Georges Lamothe.

Tous les événements, gros et petits, de l'année ont défilé aux plus joyeux applaudissements des enfants et de leurs parents.

Songez que les Pupazzi représentaient les deux Coquelin, Succi, Louise Michel, Chevreul, Paulus, le général Boulanger en personne et à cheval, etc.

La petite pièce, qui a été fort gaiement enlevée, est un très gentil succès pour son auteur, le créateur des Pupazzi; elle amènera certainement du monde au théâtre Robert-Houdin.

LE TEMPS La première revue de l'année a été jouée hier soir, au théâtre Robert-Houdin, par les Pupazzi de Lemercier de Neuville : ils sont pleins de verve et ils chantent spirituellement. Nous avons vu défiler successivement Coquelin aîné et cadet, le général Boulanger en costume et à cheval, Louise Michel, Succi, M. Chevreul, etc. La fin d'un

TOUT-PARIS

REVUE DE L'ANNÉE 1886

Représentée pour la première fois, par M. LEMERCIER DE NEUVILLE
avec ses PUPAZZI, sur le théâtre ROBERT-HOUDIN, le 19 novembre 1886.

IMPRIMERIE GÉNÉRALE DE CHÂTILLON-SUR-SEINE

TOUT-PARIS

REVUE DE L'ANNÉE 1886

PAR

M. L. LEMERCIER DE NEUVILLE

PARIS

LIBRAIRIE THÉATRALE

14, RUE DE GRAMMONT, 14

1887

PERSONNAGES

TAMERLAN, régisseur.

PIFARDENT, sergent de ville.

COQUELIN AINÉ.

COQUELIN CADET.

SUCCI.

LA MÈRE MICHEL.

FUSIER.

PAULUS.

UN GARÇON DE CAFÉ.

UN VIEIL ÉTUDIANT.

UN DÉCADENT.

UN INCOHÉRENT.

UN COLONEL.

UN GÉNÉRAL.

LEDUC

CRIEURS DE JOURNAUX ET DE CANARDS.

Le théâtre représente un foyer de théâtre.

TOUT-PARIS

SCÈNE PREMIÈRE

TAMERLAN, régisseur.

Voyòns ! voyons ! Place au théâtre ! On va commencer

la revue. — Mesdames et messieurs, que ceux d'entre vous qui ne sont pas de la pièce aillent dans la salle ou ailleurs, mais qu'on me débarrasse le théâtre ! La première revue de l'année ! Un titre excellent : *Tout Paris* ! — Tout Paris viendra se voir ! Deux mois d'études, dix décors nouveaux, des étoiles ! On ne s'est refusé rien ! Et c'est ce soir la répétition générale ! Ah ! voici le sergent de ville.

SCÈNE II

TAMERLAN, PIFARDENT, sergent de ville.

TAMERLAN.

Dites-moi, vous êtes ici de service ?

PIFARDENT.

De service ? c'est-à-dire on m'a envoyé de pour me
mettre à la disposition du directeur.

TAMERLAN.

Très bien ! Alors voilà votre consigne. — Personne ne
doit pénétrer ici dans ce foyer, à moins d'être de tout
Paris. Avez-vous compris ?

PIFARDENT.

Oui, quand une personne... ou une autre... se présentera, je demanderai : Êtes-vous de tout Paris ? Si on me
répond : oui, je laisse passer ! Sinon bonsoir ! on n'entre
pas.

TAMERLAN.

C'est parfaitement compris !

PIFARDENT.

Parce que, voyez-vous, ce n'est pas l'intelligence qui me
manque, c'est pour cela qu'on m'a choisi ; je suis un des
nouveaux sergents de ville ! Parce que, voyez-vous, depuis longtemps déjà, il se commettait à Paris des vols,
des assassinats, une foule d'horreurs ! La Presse en était
indignée ! Et quand la Presse est indignée..... c'est ter-
rible ! Alors le Préfet de Police qui sait tout, — excepté
cependant où sont les assassins et les voleurs, — se dit :
— — Attention ! La Presse est indignée ; si je ne trouve
pas quelque chose, je vais perdre ma place ! C'est alors
qu'il a eu l'idée d'augmenter les brigades. La Presse a
été calmée tout de suite ; ça n'a pas fait prendre un vo-
leur de plus, mais moi ça m'a donné une position.

TAMERLAN.

Allons tant mieux !

PIFARDENT.

Maintenant vous pouvez vous fier à moi, je suis un
ancien militaire, je connais la discipline. Ainsi une sup-

position que vous me dites de ne pas bouger d'ici ; eh
bien, je ne bouge pas, il y aurait un incendie, une inon-
dation, un cataclysme, un... anévrisme, je ne bronche
pas d'ici, je suis en bronze ! — J'ai quitté le service à
cause de la barbe, j'en ai pas, alors comme maintenant
c'est réglementaire, on n'a pas pu me garder.

TAMERLAN.

Je comprends.

PIFARDENT.

Alors, comme j'avais de bonnes notes, on m'a pris à
la préfecture, j'espère bien devenir brigadier.

TAMERLAN.

Je vous le souhaite ! Ainsi vous connaissez votre
consigne: Personne ne doit pénétrer ici, à moins d'être de
Tout-Paris. — Adieu !

Il sort.

SCÈNE III

PIFARDENT.

Je connais ma consigne, mais je ne la comprends pas.
Qu'est-ce que c'est que tout Paris ? Au fait, ça ne me re-
garde pas et puis la première personne qui se présentera
je l'interrogerai, c'est bien plus simple. — Ah ! voici
quelqu'un, je vais être tout de suite renseigné.

SCÈNE IV

PIFARDENT, COQUELIN CADET.

COQUELIN CADET.

Pardon ! mon brave ! vous n'avez pas vu mon frère par
ici ?

PIFARDENT.

Votre frère ? je ne le connais pas.

COQUELIN CADET.

Comment ! vous ne connaissez pas Coquelin aîné ?

PIFARDENT.

Pas du tout ! Nous sommes si nombreux à la préfecture, on ne connaît pas tout le monde.

COQUELIN CADET, riant.

Ah ! ah ! ah ! — Voilà qu'il prend mon frère pour un
agent de police ! Mais malheureux ! mon frère est illus-
tre. Tout Paris le connaît.

PIFARDENT, à part.

Tout Paris ! Nous y voilà... je vais savoir !

COQUELIN CADET.

Il fait partie de tout Paris et moi aussi.

PIFARDENT, le laissant passer.

Et vous aussi ? Alors vous pouvez entrer !... (Le retenant.)
Mais dites-moi qu'est-ce.c'est que tout Paris ?

COQUELIN CADET, à part.

C'est un innocent ! (Haut.) Au fait... voilà le moment de
lui coller mon nouveau monologue... Essayons-le.

Tout Paris !... A ce mot chacun lève la tête !
Quel est ce tout Paris qu'on voit à chaque fête ?
Qui fait la loi, le nom, la réputation,
Tantôt rempli d'esprit, tantôt injuste et bête,
Et devant qui chacun fait sa soumission ?

C'est, il faut l'avouer, un étrange amalgame
Qui toujours est d'accord sans avoir de programme ;
Où nul ne se connaît, mais est connu de tous ;
Assoiffé de plaisir, de bruit et de réclame,
Dont on voit les dehors, mais jamais les dessous !

Tout Paris c'est le nom, et non pas la naissance ;
C'est la femme qui tient boutique d'élégance,
C'est le héros du jour qu'on oubliera demain,
C'est l'acteur qui finit et celui qui commence,
C'est tout ce qui peut mettre un gant blanc sur sa main.

Tout Paris ! C'est trois cents personnages fidèles
Au Théâtre, aux concerts, aux courses, aux chapelles,
A la chambre, au sénat, au bois, aux grands dîners ;
Et qui quittent Paris lorsque les hirondelles
Reviennent habiter leurs nids abandonnés !

Quand tout Paris s'en va, Paris est mort ! Il semble
Que le ressort qui fait mouvoir ce grand ensemble
Est cassé ! Son éclat disparaît : il est gris !
Et c'est pourquoi Paris, dans certains moments, tremble
De voir son tout Paris abandonner Paris !

Un peu sérieux, le monologue, mais bah ! pour une fois !

PIFARDENT.

Tout ce que j'ai compris là-dedans, c'est que tout
Paris est tout le monde, alors ma consigne est facile à
exécuter. Je vais aller fumer une pipe.

Il sort.

SCÈNE V

COQUELIN CADET.

C'est vrai ! depuis que mon frère s'est décidé à quitter
le Théâtre-Français, je suis obligé de le surveiller, il veut
prendre des parts d'intérêt dans tous les théâtres pour
faire enrager la comédie. Ah ! le voici !

SCÈNE VI

COQUELIN CADET COQUELIN AÎNÉ.

COQUELIN CADET.

Comment ! c'est toi en costume, à la ville !

COQUELIN AINÉ.

Oui, en costume à la ville, pour bien montrer au ministre qu'en quittant la comédie, je ne renonce pas à la comédie !

COQUELIN CADET.

Tu as peut-être tort. Vois-tu.

Air : *De la grâce de Dieu.*

Tu vas quitter la comédie
Pour t'en aller bien loin, hélas !

Tu fais peut-être une folie,
A coup sûr, tu t'en repentiras.

CADET>COQUELIN AINÉ.

Non! Partout j'veux prom'ner ma gloire !
Par l'Amériqu' j'vas commencer :
Va, ce n'est pas la mer à boire
Ce n'est qu'la mer à traverser !

ENSEMBLE.

Adieu, Cadet, adieu,
Adieu, Constant, adieu,
A la grâce de Dieu !

Coquelin-Cadet sort.

SCÈNE VII

COQUELIN AINÉ, TAMERLAN.

COQUELIN AINÉ.

Oui, la lutte est engagée; je combattrai pied à pied, j'aurai tous les théâtres à moi, je fonderai un conservatoire, j'aurai mon école... une école où on dira le vers comme la prose et la prose... comme... personne avec un canard dans le nez! Voilà!... Tiens! c'est vous Tamerlan! Que portez-vous là ?

TAMERLAN, entrant avec un écriteau sur lequel il y a écrit:

« Appartement à louer fraîchement décoré. »

C'est un accessoire pour la revue, monsieur Coquelin.

COQUELIN AINÉ, lisant.

Appartement fraîchement décoré! Vous appelez ça un accessoire! Fraîchement décoré!... Il est bien heureux!... Allons faire nos malles! Adieu, Tamerlan!...

Il sort.

SCÈNE VIII

TAMERLAN, puis SUCCI.

TAMERLAN.

Ah! bien moi! si jamais j'avais pu être sociétaire, c'est moi qui ne donnerais pas ma démission!... Quel est cet échalas?

1.

SUCCI.

Vous montez une revue, monsieur, je viens me proposer.

TAMERLAN.

Pourquoi faire ?

SUCCI.

Pour jeuner ! Je reste trente jours sans manger.

TAMERLAN.

Vous avez de la chance !

SUCCI.

Oui, monsieur.

AIR : *Femmes, voulez-vous éprouver.*

J'suis pas difficile à nourrir,
De l'eau voilà mon ordinaire,
Je passe mon temps à maigrir,
Car l'obésité m'est contraire ;
Pour rien je ne voudrais changer
Au régime que je dois suivre:
Puisque je vis de n'pas manger,
Si j'mangeais je n'pourrais pas vivre !   *bis*

TAMERLAN.

Eh bien monsieur, votre truc est nouveau, mais il n'est pas très amusant et puis ça allongerait trop la revue, jamais nous ne pourrions garder un mois les mêmes spectateurs dans notre salle, ils ne jeûnent pas comme vous.

SUCCI.

Je reviendrai en carême !

Il sort.

SCÈNE IX

TAMERLAN, puis PIFARDENT.

TAMERLAN.

Comme vous voudrez!... Ah! ça mais, j'avais planté là, un sergent de ville, qu'est-il devenu? Il n'est pas comme Succi, celui-là, il a mangé la consigne! Mais je l'aperçois : — Hé, dites donc, mon brave, il ne faut pas vous éloigner?

PIFARDENT.

Me voici, me voici... J'étais en train de causer avec Joséphine.

TAMERLAN.

Joséphine?

PIFARDENT.

C'est ma pipe! Je l'ai gratifiée de ce nom en souvenir de celle qui me l'a donnée.

TAMERLAN.

C'est bon! C'est bon ! mais ne vous absentez plus.

Il sort avec l'écriteau.

SCÈNE X

PIFARDENT, Les Crieurs, au dehors.

PIFARDENT.

Hé! parbleu! je le sais bien que je ne dois pas bouger

d'ici, mais la faction n'est pas très intéressante : il ne
vient personne ! Je vais me récréer en chantant une ro-
mance à la mode, ça me divertira.

AIR : *Du bout du bi du banc.*

Lorsque j'entrai t'au régiment,
C'que j'vis d'abord c'est le sergent.
Sur le bi, sur le bout, sur le bi du bout du banc.

Il me dit : As-tu de l'argent ?
C'est utile au casernement.
Sur le bi, sur le bout, sur le bi du bout du banc.

J'n'avais pas l'sou malheureusement,
C'que j'en eus de désagrément !
Sur le bi, sur le bout, sur le bi du bout du banc.

J'fus signalé z'au lieutenant,
Qui m'signala z'au commandant,
Sur le bi, sur le bout, sur le bi du bout du banc.

Toujours puni, jamais content,
Et toujours assis tristement.
Sur le bi, sur le bout, sur le bi du bout du banc.

Je fis tant bien que mal mon temps,
Et tout le temps j'eus mal aux dents.
Sur le bi, sur le bout, sur le bi du bout du banc.

Dieu que c'et air-là z'est agaçant !
N'me l'faites pas bisser ou j'm'étends

Est-ce assez stupide ce que je viens de chanter là !

PREMIER CRIEUR, au dehors.

Demandez le crime qui va se commettre sur le chemin de fer de l'Ouest, dix centimes.

DEUXIÈME CRIEUR, au dehors.

Demandez le crime qui se commet en ce moment sur le chemin de fer de l'Ouest, dix centimes.

TROISIÈME CRIEUR, au dehors, accent gascon.

Demandez le crime qui se commettra demain sur le chemin de fer de l'Ouest, arrestation de l'assassin, affreux détails, dix centimes.

PIFARDENT.

Comme la police est bien faite tout de même, ce n'est pas de parce que j'en suis, mais autrefois jamais la police n'aurait découvert un crime avant qu'il fût commis, tandis que maintenant...

SCÈNE XI

PIFARDENT, LOUISE MICHEL.

LOUISE.

Encore graciée une fois! c'est une fatalité! Depuis ce

temps, je vois les sergents de ville s'éloigner de moi, les
commissaires de police s'enferment chez eux, les gen-
darmes se sauvent à ma vue! Je voudrais les arrêter pour
qu'ils m'arrêtent! Ah! que je suis malheureuse! — Ah!
voici un agent de police, il n'a pas mauvaise mine, con-
sentira-t-il?— Pardon, sergot! vous voulez m'arrêter?

PIFARDENT.

Vous arrêter, pourquoi? D'abord qui êtes-vous?

LOUISE.

Air : *De la mère Michel.*

Je suis la mère Michel qu'on vient de gracier
Et qui ne s'empress' pas de vous remercier.
Tant qu'y aura des prisons et des prisonniers d'dans,
J' demand' qu'on m'incarcèr', j'ai pas fini mon temps.

PIFARDENT.

Pour lors la mère Michel, vous venez m'avouer
Que vous avez commis le crim' du chemin d' fer
Pourtant dans les ch'mins de fer en r'tournant les coussins
On trouv' que des victimes et jamais d'assassins.

LOUISE.

J' n'ai jamais commis d' crim' mais j'ai l' plus vif désir
D' rentrer dans les cachots humid's pour y pourrir.
Vous n' vous doutez pas comm' dans ces établissements
Au lieu des assassins on n' trouv' que d'honnêtes gens!

PIFARDENT.

N'y étant point z'allé, je n' puis, madam' Michel,
En plac' d'un démenti qu' vous donner un conseil :
N' soyez pas entêtée, rentrez tranquillement
Dans la socilliété dont vous fait's l'ornement.

LOUISE MICHEL.

Allons! Puisqu'il le faut! Libre! Toujours libre! Vingt-
cinq fois libre!... Libre sterling!

Elle sort tragiquement.

SCÈNE XII

PIFARDENT, puis UN GARÇON DE CAFÉ.

PIFARDENT.

Arrêter quelqu'un ? Moi ! Jamais ! Parce que j'ai un prin-
cipe : celui-ci : — On arrête un assassin, bon !... il est
pincé... On le juge, bon !... On le condamne à mort ! Bon !
alors on lui fait grâce !... Si on lui fait grâce, il
vit encore ! S'il vit encore ! il peut recommencer... Alors,
j'aime autant ne pas l'arrêter, ça évite des frais !... Avec
tout ça je prendrais bien un bock. Il doit y avoir un café
au théâtre, voyons donc. Garçon ! garçon !...

LE GARÇON DE CAFÉ.

Monsieur, je ne suis plus garçon de café.

PIFARDENT.

Bah ! Qu'êtes-vous donc ?

LE GARÇON DE CAFÉ.

Je suis en grève !

PIFARDENT.

En grève ?

LE GARÇON DE CAFÉ.

Oui ! à cause des placeurs ! Inutile de vous raconter
pourquoi : Ils nous plaçaient, nous déplaçaient, nous rem-
plaçaient, on aurait dit un ministère, et nous payions tout
le temps ! Nous voulons maintenant nous placer nous-
mêmes.

PIFARDENT.

J'ai compris ! c'est très clair ! Vous êtes limpide, mon
garçon ! Mais je meurs de soif et voudrais bien pourtant
prendre un bock, vous ne pourriez pas m'en servir un ?
Oh ! pas comme garçon, comme ami !

LE GARÇON.

Comme ami, c'est impossible.

PIFARDENT.

Pourquoi ça?

LE GARÇON.

Parce qu'on ne boit plus que des bières allemandes et on nous les envoie falsifiées, vous comprenez, je ne veux pas vous empoisonner...

PIFARDENT.

C'est d'un bon cœur!

LE GARÇON.

Après ça, ça ne vous fera peut-être pas plus de mal
qu'aux autres.

AIR : *Un pâtissier demeurant.*

Tout s' falsifie à présent :
Le café c'est d' la terr' glaise,
Un cognac satisfaisant
S' fait avec des bâtons d' chaise.
L' vin c'est du campêche! La truff' du drap noir;
Et person' ne peut s'en apercevoir,
On a l'estomac comme une fournaise,
L' palais altéré comme un vrai saloir
On vit certainement
Confortablement,
Mais on n' vit c'pendant qu' d'empoisonnement!

Allons, venez! J' vas vous servir votre bock.

PIFARDENT.

Comme ami ?

LE GARÇON.

Comme ami.

PIFARDENT.

A la bonne heure ! au moins de cette façon, je ne paye-
rai pas !

Ils sortent.

SCÈNE XIII

TAMERLAN.

En voilà bien d'une autre! Le splendide hôtel n'est pas
prêt pour l'inauguration du cercle militaire, on me de-
mande de l'inaugurer dans le foyer du théâtre. Ma foi,
comme nous répétons sur la scène, ça ne me gêne pas.
Ah ça! où est donc mon sergent de ville, il est toujours
absent. Voici les officiers, je leur cède la place.

**On entend l'air de la Marseillaise mélangé avec l'air de la Bou-
langère.**

SCÈNE XIV

OFFICIERS, LE GÉNÉRAL, LE COLONEL,
puis LE RÉSERVISTE LEDUC.

Les officiers se rangent dans le fond, le général entre à cheval, il caracole.

LE GÉNÉRAL.

Portez barbe !

Tonte la barbe des officiers se relève. — Le général sort ainsi
que les officiers.

LE COLONEL, dans la coulisse.

Où est-il ? où est-il ? — Sapristi ! Planton ! Laissez-moi passer, je vais manquer le général, moi qui ai à lui parler. — (Entrant en scène.) Parti ! ah ! bien le premier que je vais rencontrer n'a qu'à bien se tenir !

Leduc entre.

J'suis pas fâché de vous voir ! Comment vous appelez-vous ?

LEDUC.

Leduc, mon colonel !

LE COLONEL.

Leduc ! Leduc ! Faudra changer ce nom-là ! M'avez été recommandé ; passe pour cette fois, mais pas de politique ! Vous comprenez ! Pas d'politique au régiment !

LEDUC.

Mais, mon colonel, je n'fais pas d'politique.

LE COLONEL.

Comprenez pas ! — Leduc ! Duc de quoi ? C'est un titre ! Ça humilie les camarades ! L'armée, une famille ! Pas de titres, tous soldats.

LEDUC.

Oui, mon colonel !

LE COLONEL.

A la bonne heure ! Qu'est-ce que vous m'apportez ?

LEDUC.

Les *comptes* de la compagnie.

LE COLONEL.

Les comptes ? — Encore de la politique ?

LEDUC.

Mais, mon colonel !...

LE COLONEL.

J'vous ai prévenu! Au régiment, tous égaux ! Les com-
tes, les ducs... Il n'y a qu'un supérieur, c'est la discipline !

LEDUC.

Oui, mon colonel !

LE COLONEL.

A la bonne heure ! Et puis, r'gardez-moi bien, vous
vous rasez?

LEDUC.

Oui, mon colonel !

LE COLONEL.

Pourquoi vous rasez-vous ?

LEDUC.

Parce que je n'ai pas de barbe.

LE COLONEL.

Comprends pas ! Si vous n'avez pas de barbe, inutile de vous raser. D'après ce que je vois, voulez éluder les règlements ?

LEDUC.

Moi, mon colonel ?

LE COLONEL.

Sans doute. Maintenant, la barbe est obligatoire : c'est l'ordre du ministre ! Or, si vous ne portez pas de barbe vous désobéissez au ministre. C'est de la politique !

LEDUC.

Mais, mon colonel, si je me rase, c'est pour en avoir !

LE COLONEL.

Singulière façon ! Enfin, m'êtes recommandé, passerai par là dessus ! Seulement, autre renseignement : allez dans le monde ?

LEDUC.

Non, mon colonel !

LE COLONEL.

Pourquoi ça ? pourquoi ça ?

LEDUC.

Mon Dieu, mon colonel... je ne connais personne!

LE COLONEL.

Plaisanterie ! Un militaire connaît tout le monde! Aime pas l'abstention, comprenez ? l'abstention, c'est de la politique ! Pas de politique au régiment!

LEDUC.

Oui, mon colonel !

LE COLONEL.

A la bonne heure ! Où avez-vous fait vos études ?

LEDUC.

A Bonaparte.

LE COLONEL.

Sabre de bois ! — Où êtes-vous né ?

LEDUC.

A Orléans !

LE COLONEL.

Saperlipopette ! Comment ! vous êtes d'Orléans ? élevé à Bonaparte ? Vous appelez Leduc ?... M'apportez des comptes et vous dites que vous ne faites pas de politique ? Ça suffit ! je vais vous faire changer de garnison ! Allez, monsieur. Allez !

Ils sortent.

SCÈNE XV

LE VIEIL ÉTUDIANT, LE DÉCADENT, avec une guitare.

L'orchestre joue l'air des Etudiants.

LE VIEIL ÉTUDIANT, entrant en chantant.

Messieurs les étudiants
S'en vont à la chaumière
Pour y danser l'cancan,
Et la Robert Macaire,
Toujours, toujours,
La nuit comme le jour !
Et youp ! youp ! youp ! tralalalala !

LE DÉCADENT.

Mon Dieu, comme vous êtes gai... et jeune... vous dan_
sez comme un chevreuil !

LE VIEIL ÉTUDIANT.

Gai ! oui, je le suis ! et ça n'empêche pas d'être sérieux ;
jeune, c'est autre chose ! J'ai cent ans passés, mon jeune
ami, et vous voyez que je ne m'en porte pas plus mal !

LE DÉCADENT.

Cent ans ! Bon Dieu ! qu'est-ce que je ferais sur cette
terre si je devais vivre aussi longtemps ?

LE VIEIL ÉTUDIANT.

Qu'y faites-vous maintenant sur terre ?

LE DÉCADENT.

Moi ! Je fais des vers ! Je suis un décadent, c'est-à-dire
un poète qui recherche la déliquescence dans tout.

LE VIEIL ÉTUDIANT.

La déliquescence ! Je ne comprends pas.

LE DÉCADENT.

Je vais vous dire quelques-uns de mes v rs et vous allez être au courant, auparavant laissez-moi consulter ma
lyre.

LE VIEIL ÉTUDIANT.

Votre vieille guitare. — J'écoute!

LE DÉCADENT.

Sur une femme, vers, — qui a perdu son parapluie
dans un omnibus et qui le retrouve le soir au bureau des
objets perdus à la préfecture de police...

LE VIEIL ÉTUDIANT.

Le titre est un peu long, mais il est clair.

LE DÉCADENT.

Le char torrentiel du pauvre actif absorbe
Elle, qui, grive, ayant déjà mangé la sorbe,
Délaisse au but l'obscur anhydre oublié, mais
L'œil voyant veille. Au noir elle sommeille en paix !

LE VIEIL ÉTUDIANT.

Le titre est clair, mais les vers sont troubles : qu'est-ce
que ça veut dire !

LE DÉCADENT.

C'est pourtant bien simple : — *Le char torrentiel*, qui court comme un torrent et les traverse : — L'omnibus. *Du pauvre actif ;* des gens affairés qui ne peuvent pas se payer une voiture. *Elle*, la femme ; *grive ayant mangé la sorbe*, étourdie, ayant déjeuné. — *L'obscur anhydre.* — Le parapluie noir qui n'a pas encore été mouillé par la pluie. — *L'œil voyant*, le conducteur. — *Au noir elle sommeille en paix* : à la nuit, elle a retrouvé son parapluie et s'endort sans préoccupation, c'est clair.

LE VIEIL ÉTUDIANT.

Oui, c'est un clair obscur ! mais moi, j'aime mieux chanter ma chanson qui est centenaire comme moi.

Il chante.

Messieurs les étudiants,
Etc.

Ils sortent.

SCÈNE XVI

TAMERLAN, puis L'INCOHÉRENT.

TAMERLAN.

Qu'est devenu mon sergent de ville ? tout le monde entre ici comme dans une halle ! En voilà un qui fait drôlement son service. — Bon ! encore un étranger ! — Que voulez-vous ?

L'INCOHÉRENT.

Monsieur, est-ce qu'il n'y aurait pas place dans votre revue pour les incohérents ?

TAMERLAN.

Ça dépend! Qu'est-ce que vous avez à nous montrer?

L'INCOHÉRENT.

Aidez-moi à transporter mon tableau, vous allez voir.

Ils sortent et rapportent le tableau.

TAMERLAN.

Qu'est-ce que c'est que ça?

L'INCOHÉRENT.

Un *Meissonnier* !

TAMERLAN.

Je ne vois qu'un cadre et pas de toile.

L'INCOHÉRENT.

C'est bien ça! Les personnages sont si petits qu'on ne les voit pas ! — Je vais vous en montrer un autre.

Il va chercher un tableau qui représente le pont des Saints-Pères.

TAMERLAN.

Qu'est-ce que c'est que ça? — Une vue du pont des Saints-Pères.

L'INCOHÉRENT.

Non, un axiome de M. Sarcey. — Vous voyez en effet, le ciel, les maisons, et le pont parfaitement exécutés, il ne reste plus...

TAMERLAN.

Ah oui! il ne reste plus que la *Scène à faire*. — J'ai compris.

L'INCOHÉRENT, tournant son tableau.

Voici le portrait d'un sociétaire de la Comédie-Française.

TAMERLAN.

Ça? Mais, je ne vois qu'un chat, sur un lit.

L'INCOHÉRENT.

Eh bien?... Minet su' llit. (*Mounet Sully.*)

TAMERLAN.

Oh ! celui-là est trop fort ! — C'est idiot, stupide, c'est dans le cas de faire de l'argent ! — Je vous engage. Venez.

Ils sortent.

SCÈNE XVII

PAULUS, puis TAMERLAN.

PAULUS.

Comment, personne ! Personne ne vient à ma rencontre,
à moi Paulus, la fureur de tout Paris, le plus grand co‑
mique de l'époque.

AIR : *En revenant de la revue.*

Je suis Paulus, célèbr' comique,

2.

Personn' plus que moi n'est malin ;
Aux Français, pour peu que je m' pique,
J' pourrais remplacer Coquelin !
J'ai de l'œil et de la prestance,
En scèn' faut voir comme je m'avance !
Tout l' mond' me r'garde et m'applaudit,
On trouv' que j'ai beaucoup d'esprit.
Je joue mieux que Maubant
Que j' trouve insuffisant ;
Comme j'ai le physique qui plaît,
Les femmes m'aiment mieux que Delaunay ;
Je suis plus comm' il faut
Que Febvr' Sylvain et Got ;
J' jouerais Hamlet, cristi !
Beaucoup mieux que Mounet Sully !

REFRAIN.

Mais, au surplus,
Je suis le grand Paulus,
Artiste que Plutus
A mis à l'aise !
Mon fin coup d'œil
R'çoit toujours bon accueil,
Oui, Paulus est l'orgueil
D' la scène française !

TAMERLAN, entrant.

Bravo, Paulus ! Vous venez nous voir.

PAULUS.

Oui, en passant ! Avez-vous besoin d'un compère pour votre Revue ?

TAMERLAN.

Non, mon cher ami, vous venez trop tard.

PAULUS.

Tant pis pour vous ! Allons ! je vais aller aux Menus-Plaisirs.

REPRISE DU REFRAIN.

Il sort.

SCÈNE XVIII

TAMERLAN, puis FUSIER.

TAMERLAN.

Ce n'est pas d'un compère dont j'ai besoin, mais d'un orchestre, le nôtre vient de se mettre en grève! Comment faire?

TAMERLAN.

Fusier! Je suis sauvé! Allons, restez ici, faites l'ouverture. — Je vais prévenir les artistes qu'on peut commencer!

FUSIER.

Allons-y...

Imitation de Fusier.

Rideau.

Imprimerie générale de Châtillon-sur-Seine. — A. Pichat.

9 782019 310295